Lechones

Julie Murray

Abdo Kids Junior es una subdivisión de Abdo Kids
abdobooks.com

Abdo
CRÍAS DE ANIMALES
Kids

abdobooks.com

Published by Abdo Kids, a division of ABDO, P.O. Box 398166, Minneapolis, Minnesota 55439.

Abdo Kids Junior™ is a trademark and logo of Abdo Kids.

Printed in the United States of America, North Mankato, Minnesota.

052019

092019

THIS BOOK CONTAINS RECYCLED MATERIALS

Spanish Translator: Maria Puchol

Photo Credits: Alamy, iStock, Shutterstock

Production Contributors: Teddy Borth, Jennie Forsberg, Grace Hansen

Design Contributors: Christina Doffing, Candice Keimig, Dorothy Toth

Library of Congress Control Number: 2018968183

Publisher's Cataloging-in-Publication Data

Names: Murray, Julie, author.

Title: Lechones/ by Julie Murray.

Other title: Piglets. Spanish

Description: Minneapolis, Minnesota : Abdo Kids, 2020. | Series: Crías de animales

Identifiers: ISBN 9781532187216 (lib.bdg.) | ISBN 9781644941294 (pbk.) | ISBN 9781532188190 (ebook)

Subjects: LCSH: Piglets--Juvenile literature. | Baby animals--Juvenile literature. |Domestic animals--Infancy--Juvenile literature. | Pigs--Juvenile literature. | Livestock--Juvenile literature. | Spanish language materials--Juvenile literature.

Classification: DDC 636.407--dc23

Contenido

Lechones

La mayoría de las **hembras** de cerdo tienen de 6 a 12 lechones a la vez.

Pesan 3 libras (1.4 kilos)
al nacer.

Son de color rosa.

Se amontonan para mantenerse calientes.

Se alimentan de la leche de su madre.

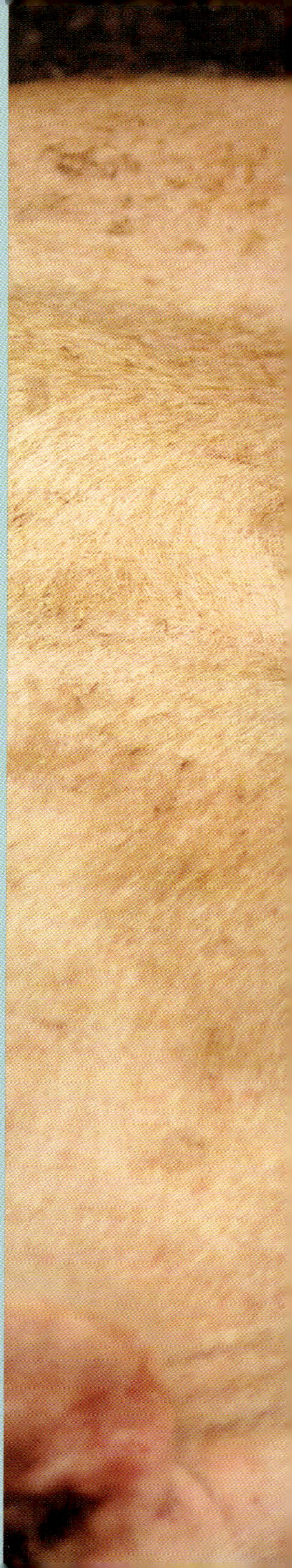

Poco tiempo después comerán **grano** también.

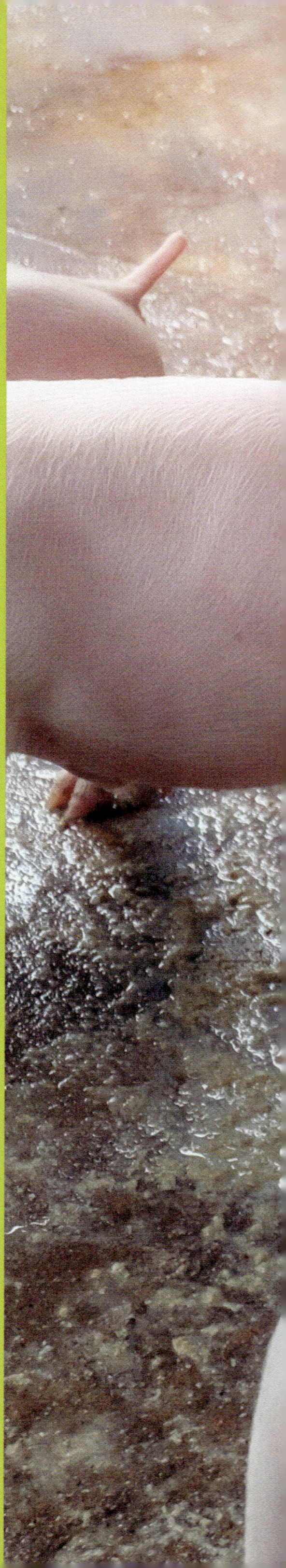

¡Los lechones crecen rápido! A los dos meses ya pueden pesar 40 libras (18 kilos).

Les gusta jugar. También chillan y gruñen.

A los lechones les gusta revolcarse en el lodo. Esto los mantiene frescos.

¡Mira cómo crece un lechón!

recién nacido

con 1 mes

con 2 meses

con 6 meses

Glosario

amontonarse
juntarse unos encima de otros para mantenerse calientes.

grano
semillas de cereales, pequeñas y duras; por ejemplo, el trigo y el arroz.

hembra
animal de sexo femenino que puede tener crías.

Índice

Abdo Kids ONLINE

FREE! ONLINE MULTIMEDIA RESOURCES

¡Visita nuestra página **abdokids.com** y usa este código para tener acceso a juegos, manualidades, videos y mucho más!

Código Abdo Kids:

BPK1672